JOEYSTARR

Pensées, répliques & autres tac-tac

cherche midi

Directeur de collection : Kamran Rahimian

23, rue du Cherche-Midi
75006 Paris
Vous aimez les beaux livres ?
Inscrivez-vous à notre newsletter pour suivre
en avant-première toutes nos actualités :
www.cherche-midi.com

JOEYSTARR

Pensées, répliques & autres tac-tac

cherche midi

JE N'AI JAMAIS RIEN FAIT PAR PROVOCATION.

« Si les gens veulent savoir ce qu'il se passe, s'ils veulent vivre leur époque, je pense que de temps en temps il faut écouter des gens comme moi. Je ne représente pas la majorité silencieuse, mais au moins une partie. »

Toujours supporter du PSG ?
À mort.

Qu'est-ce qu'on attend pour foutre le feu ? D'être un peu plus nombreux.

Mes journées promo comptent quinze interviews par jour. Et sur les quinze, je rencontre à tout péter trois journalistes pertinents. Aujourd'hui, quelqu'un m'a dit : « On va faire un portrait. » J'ai expliqué au mec : « Il y en a déjà 15 000, fais-le toi-même. » Si tu veux me faire faire des trucs, emmène-moi, au moins comme une gonzesse. Sinon j'ai l'impression d'être à la préfecture et de remplir un formulaire.

Ça fait vingt ans que j'ai pas pris le métro, parce que j'ai une clientèle qui veut savoir s'il n'y a pas tromperie sur la marchandise.

JE SUIS CE QU'ON APPELLE "UN PUTAIN DE RÉAC", DONC JE DIS CE QUE JE PENSE, ET JE ME FOUS D'ALLER DANS LE SENS DES GENS.

QUATRE THÈMES TRÈS RÉCURRENTS : MOI, MOI, MOI, ET PUIS LE CONSTAT D'URGENCE, QUOI !

Combien de temps notre rencontre va-t-elle durer ?
1 h 30.

T'AS PERDU UNE ROUE OU QUOI ?!

J'EN AI CONSCIENCE, AVEC LES RATICHES EN OR, JE RESSEMBLE À UN MEC QUI A GAGNÉ AU LOTO.

« Quand je me suis fait cambrioler, on m'a cambriolé le PIB du Togo. »

Tout ce que je veux, moi, c'est de l'amour, de la sueur et du live.

SI JE TE FAIS CHIER, DIS-LE-MOI, TÊTE D'ARDOISE !

J'AI DES IDÉES SIMPLES, JE SUIS UN HOMME SIMPLE ; DONC TU COMPRENDS CE QUE JE RACONTE.

Pourquoi ne portez-vous pas plus de costards ?
Je suis ce que l'on appelle un sportswear dandy !

Même si je suis plus porté à gauche, quand je vois Ségolène Royal, j'ai l'impression que son programme ce sont ses dents, tellement elle sourit.

MALGRÉ L'URGENCE
RIEN NE S'ARRANGE,
RIEN NE CHANGE.
EN BIEN OU EN MAL,
ON DEVRA TOUJOURS
RELEVER LE MÊME
CHALLENGE.
IL FAUT CONTINUER
NOTRE COMBAT
QUOTIDIEN.

Quelle est votre dernière galère financière ?

Un redressement fiscal.

QU'EST-CE QUI VAUT PLUS QUE LE SEXE DANS LA VIE ?

L'AMOUR.

Il est temps qu'on y pense,
il est temps que la France
Daigne prendre conscience
de toutes ces offenses,
Fasse de ces hontes
des leçons à bon compte,
Mais quand bien même, la coupe est pleine,
L'histoire l'enseigne,
nos chances sont vaines,

Alors arrêtons tout, plutôt
que cela traîne,
Ou ne draine même, encore
plus de haine,
Unissons-nous pour
incinérer ce système !

[« Qu'est-ce qu'on attend ? » sur
l'album *Paris sous les bombes*, 1995,
Suprême NTM]

L'amour, ça crétinise et ma femme est exquise.

« Dans toute la carrière de NTM, il y a « La Fièvre ». C'est un morceau que je déteste, mais tu peux pas lutter. Et puis tu as « Ma Benz » qui est imparable. Tu sais que tu mets un dancefloor en feu avec ça. Même encore aujourd'hui. Ouais, monsieur. Un classique. »

QUAND TU T'APPELLES NIQUE TA MÈRE, TOUTE POLÉMIQUE, BONNE OU MAUVAISE, RESTE DE LA POLÉMIQUE. DONC JOUE POUR TOI !

Je suis toujours un peu fier de me dire que nous avons commencé par « Le Monde de demain » qui a fait école par la suite.

« Vous auriez vu la tête des gens de chez Sony lorsque nous leur avons dit que nous avions une photo gratuite de Mondino pour notre premier maxi. »

Il n'y a ni couleur ni condition sociale pour écouter du rap. Ce qui compte avant tout, c'est le feeling.

JE SUIS NÉ HIP-HOP.

Quand on faisait des graffitis, on le faisait car nous étions subversifs. Pas pour l'être. Parce qu'on l'était, quoi !

Pas de solution donnée,
mon plafond reste ton plancher,
C'est ce que tu liras
dans les yeux de ceux
qu'ont pas où crécher.

[« Odeurs de soufre » sur l'album *Suprême NTM*, 1998, Suprême NTM]

Je veux voir tout le monde le doigt en l'air.

J'ai longtemps cru que faire du rap en français ne servait à rien. Le rap, c'était les Américains. Point barre. Je vous laisse imaginer la suite...

« On ne peut pas s'autocensurer pour faire plaisir à ces messieurs. Je pense qu'il y a des problèmes plus importants que ça. Et puis ce n'est pas un petit groupe de rap qui chante « Nique la police » qui va réveiller en banlieue l'animosité contre la police. »

Je ne suis pas apte à apporter des solutions. Et à la limite, si j'en ai, ce sont des solutions de proximité.

« On nous pose toujours plein de questions, alors que tout est dit dans les chansons. Tu peux même lire à travers les lignes si tu veux. »

Je traîne avec des gens qui ne sont pas tous des Kool Shen ou des JoeyStarr. Même si ça va pour toi, tu as toujours les mêmes gens autour de toi, donc les réalités tu les as toujours en face.

Depuis le début, depuis la première scène que l'on fait, il y a des problèmes. Moi, j'ai appris comme ça. Ça veut dire que tu peux me mettre dans le noir d'un seul coup, me couper le micro, ce n'est pas ça qui me fera perdre contenance.

J'AI TELLEMENT PRIS D'ACIDE QUE JE SUIS BIEN INCAPABLE DE TE DIRE À QUAND REMONTE LA PREMIÈRE FOIS. C'EST PAREIL AVEC LES RACLÉES DE MON PÈRE.

Être riche ça sert à quoi ?
À se lever tard !

Elle était bien ta question, tu peux la ranger dans un tiroir.

UN BLANC ET UN RENOI, UN PETIT ET UN GRAND. ÇA, C'EST NTM. C'EST QUAND MÊME PAS COMPLIQUÉ À COMPRENDRE !

« Moi, au départ, ce qui m'intéresse, c'est le pourquoi on est là. Après, tout ce qu'il y a autour, je m'en fous. Mais quand je monte sur scène, je me rends compte qu'il y a des moyens derrière tout ça. »

Je n'ai fait que vivre bâillonné, en effet,
Comme le veut la société, c'est un fait,
Mais il est temps que cela cesse,
Fasse place à l'allégresse,
Pour que notre jeunesse d'une main vengeresse,
Brûle l'État policier en premier,
Et envoie la république brûler au même bûcher.
Notre tour est venu, à nous de jeter les dés,
Décider donc mentalement de s'équiper,
Quoi t'es miro, tu vois pas, tu fais semblant,
tu ne m'entends pas,
Je crois plutôt que tu ne t'accordes pas
vraiment le choix,
Beaucoup sont déjà dans ce cas,
Voilà pourquoi cela finira dans le désarroi,
Désarroi déjà roi,

le monde rural en est l'exemple,
Désarroi déjà roi,
Vous subirez la même pente, l'agonie lente,
C'est pourquoi j'en attente aux putains de
politiques incompétentes,
Ce qui a diminué la France,
Donc l'heure n'est plus à l'indulgence,
Mais aux faits, par le feu,
Ce qui à mes yeux semble être le mieux,
Pour qu'on nous prenne un peu plus,
un peu plus au sérieux.

[« Qu'est-ce qu'on attend ? » sur l'album
Paris sous les bombes, 1995, Suprême NTM]

JE N'AI PAS MON PAREIL POUR ME METTRE AVEC DES MEUFS FRAPPADINGUES AU PASSÉ TOUJOURS UN PEU CHELOU.

Tu sais, moi, je suis bien chez moi. Je suis quelqu'un de casanier. Je suis toujours en slip chez moi. J'ai pas besoin du dehors pour fonctionner.

« Je crois que l'on n'assume pas trop bien ce truc de personnage public. Ce qui fait que, des fois, lorsqu'un connard me prend la tête, eh bien il me prend la tête. C'est pas JoeyStarr ou je ne sais quoi, c'est tête à tête. C'est seulement quand tu es devant la barre que tu te dis que tu t'es un peu oublié, là. »

Mon côté je m'en fous me porte vachement préjudice.

CE QUI EST UN PEU RELOU, C'EST QU'À TRAVERS LES PROBLÈMES QUE JE PEUX AVOIR ÇA SE PROJETTE SUR TOUS LES JEUNES QUE JE REPRÉSENTE.

Si tu ne sais pas rigoler de ta tête, tu es foutu.

« De toute façon, à partir du moment où tu as choisi cette vocation, il faut se dire qu'après c'est fermé. C'est-à-dire qu'il faut faire de grands efforts et de grands sacrifices pour pouvoir avoir une vie à côté. »

JE SENS QUE JE N'ÉTAIS PAS PROGRAMMÉ POUR CELA. POUR BRAILLER, PLUS PEUT-ÊTRE.

« Lorsqu'il me voit sur scène, mon petit frère me dit : « On dirait maman. » »

ON ÉCOUTE LES PAROLES,
ON RÉFLÉCHIT.
ON ÉCOUTE LES PAROLES,
ON S'ÉCLATE.

Moi, je suis acrobate linguistique, et aussi JoeyStarr.

Si vous êtes agressé,
qui appelez-vous ?
Les copains.

Pourquoi pas la police ?
Car les rapports que j'ai avec elle, c'est contrôle de papiers. Ils me fouillent les poches, ils me tâtent les balloches. On fera donc appel à nos copains, car on a confiance en eux.

JE VIS AU JOUR LE JOUR. JE N'ESPÈRE RIEN.

Comment vous voyez-vous à 50 ans ?
Chauve.

Je me mords les doigts de ne pas savoir jauger la connerie de loin.

MOI, COMME JE NE FAIS PAS DU R'N'B, JE NE SUIS JAMAIS TORSE POIL. JE NE VIENS PAS VENDRE DE LA LESSIVE.

Le studio, c'est une souffrance. Monter sur une scène, c'est le vrai but.

Ça te fait quoi de voir des jeunes de 20 ans s'habiller comme toi lorsque tu avais 20 ans ?

Je rigole bien. Je fais un vide-grenier quand vous voulez. J'en ai plein ma penderie. Ça me fait rigoler, car nous il n'y avait pas que la posture. On était habités par quelque chose.

J'ai passé la journée avec une
meuf terrible !
Une bitch de magazine,
Beaucoup plus bonne que la plus
bonne de tes copines !

[« La Fièvre » sur l'album
Paris sous les bombes, 1995,
Suprême NTM]

Nique ta mère les yeux ouverts !

Quand on écoute « Le Monde de demain », chaque parole est actuelle...

Ce n'était pas du flan. Il suffisait de regarder à gauche, à droite, en l'air et même en bas pour se dire que ça n'allait pas aller mieux.

À LA BASE, NTM, CE N'ÉTAIT PAS UN TRUC DE BANLIEUSARDS À PROPREMENT PARLER.

Pourquoi il n'y a pas eu encore un long métrage sur NTM, sur votre histoire ?

Parce qu'elle n'est peut-être pas si intéressante que ça. Parce que l'on n'est pas Bob Dylan. Parce que l'on n'est pas James Brown.

Qui vous appelle encore Didier Morville ?

La préfecture !

JE SUIS UN NÉGROPOLITAIN. MES DEUX PARENTS SONT CRÉOLES ET JE SUIS NÉ EN FRANCE.

Enfant maltraité, mais qu'est-ce qui est le plus douloureux à réparer ? Les coups, le physique ou l'intérieur de soi ?
Le vide affectif, surtout.

JE JOUE À GUICHETS FERMÉS DANS LES TRIBUNAUX.

Comment choisissez-vous les mots ?
Je ne choisis pas les mots. Je ne m'appelle pas MC Solaar. Je ne suis pas le genre de mec qui fait étal de son savoir.

« Quelqu'un comme Kool Shen, c'est quelqu'un qui ne lit pas de livres. Il s'en vante pas, mais le mec ne lit que *L'Équipe*. Pourtant, il écrit. Il gratte. Il est très sérieux. »

C'est quand la dernière fois que tu as mis les pieds dans le 93 ?
Sûrement en allant à l'aéroport. Non, je ne sais plus. Et puis on s'en fout surtout. Que j'y aille ou que je n'y aille pas, je ne suis pas le pape. Ça ne changera rien pour les autres.

Les Français se bouchent le nez
face à l'urgence qui émane
Du pourrissoir que sont les
banlieues autour de Paname.

[« Odeurs de soufre » sur l'album
Suprême NTM, 1998, Suprême NTM]

Vous pensez
à la mort ?
Je m'en fous ;
je suis déjà trop
occupé.

Ça fait flipper qu'il y ait un pan de la jeunesse qui aille de manière bucolique en Syrie comme elle irait à Décathlon s'acheter des Nike.

Le luxe dont vous ne pourriez pas vous passer ?
D'avoir le choix.

LORSQUE TU DÉCOUVRES LA DÉFINITION D'UN ENFANT BATTU, TU COMPRENDS QU'IL S'AGIT DE TOI.

L'URGENCE QUE JE DÉCRIS, ELLE N'EXISTE PAS QUE DANS MA TÊTE. ELLE EXISTE DANS MA VIE AUSSI.

LE PAQUET CRÉOLE.

ARRÊTE DE ME PRENDRE POUR UNE SAUCISSE !

La fidélité, c'est beau ou c'est con ?
C'est dur, surtout !

Je vis en collectivité avec des gens et on vit hip-hop à mille à l'heure.

Aujourd'hui, les jeunes comprennent de plus en plus jeunes qu'un politique est un mec bon pour te faire des promesses, pas pour les tenir.

Quelle est la chanson que vous adorez écouter en cachette et que vous n'assumez pas ?

« La Petite Huguette », une chanson grivoise. Je ne l'écoute pas, je la chante.

IL N'Y A QU'UNE SEULE RACE, C'EST CELLE QUE L'ON SE MET EN LIVE.

Quand tu écoutes les premiers albums de NTM, tu sens que l'on va mal vieillir. C'est écrit sur nos fronts comme une bande passante.

JE N'AI PAS HONTE DE DIRE QUE JE SUIS FIER D'HABITER EN FRANCE. HEY LES GARS, VOYAGEZ UN PEU ET VOUS COMPRENDREZ.

J'étais un enfant remuant comme on dit. Eh oui, j'étais déjà un actif sans limite ! Pour me calmer, on m'emmenait faire de grandes balades qui ne m'épuisaient en rien.

Je suis vieux le matin. Sinon, le reste de la journée, je vais bien.

Polisse, on est venu me le proposer au parloir de Fleury-Mérogis. Quand on est dehors, qu'on te propose un rôle, c'est le soleil. Quand on est là-bas... J'étais en train de faire un tournoi de ping-pong, donc je suis retourné faire mon tournoi de ping-pong. Puis on verra quand on sera dehors. C'est pas palpable quand on est là-bas.

« Mon gosse est le plus beau, le meilleur. Même son caca est plus beau que celui des autres. »

Aujourd'hui,
j'ai de la barbe
dans la gorge !
Avec un peu de
gravier, tac-tac.

T'AS MONTÉ
UN GROUPE, TOI,
POUR RACONTER
DES TRUCS COMME
ÇA ? QU'EST-CE QUE
TU RACONTES COMME
CONNERIES, PUTAIN !
T'AIMES PAS
LE SILENCE, TOI ?

Ce n'est pas à travers nous qu'il faut se brancher pour savoir ce qu'il se passe en banlieue. Je ne suis pas éducateur.

LE MONDE EST VASTE. IL NE S'ARRÊTE PAS AU TROTTOIR D'EN FACE.

JE NE REGRETTE QU'UNE FOIS QU'ON M'A TAPÉ SUR LES DOIGTS.

Un tue-l'amour rédhibitoire ?
Une flatulence sous les draps.

LE BONHEUR, JE M'EN FOUS. JE SUIS MOTIVÉ PAR AUTRE CHOSE.

« Les chansons de Patrick Sébastien, elles te restent dans la tête pendant une semaine comme l'odeur du graillon te colle à la chemise ! »

Je ne souris pas pour rien, je ne suis pas une speakerine.

Les gens qui m'entourent influent en permanence sur mon état.

LES GONZESSES, ELLES NE SONT PAS ARRIVÉES TOUT DE SUITE, TOUT DE SUITE. MAIS UNE FOIS QUE C'ÉTAIT PARTI, ON NE M'A PLUS ARRÊTÉ.

« Avant que je ne signe en maison de disques, l'argent ne voulait strictement rien dire pour moi. Du n'importe quoi. Mais même aujourd'hui, je flippe de pousser la porte de ma banque pour savoir combien j'ai. J'ai une relation étrange avec l'argent. »

Qu'est-ce qui peut vous faire détourner les yeux de l'écran ?
Un parfum.

Mais mange ta cape, toi ! C'est pas le sujet, là.

JE NE SAIS ABSOLUMENT PAS DE QUOI DEMAIN SERA FAIT. ET FRANCHEMENT, C'EST MIEUX.

J'ai toujours cru que faire l'armée c'était comme aller en colo.

EN DEVENANT
À LA MODE, LES
GRAFFITIS SONT
ENTRÉS DANS
LES GALERIES
ET LES MUSÉES.
J'AI TOUJOURS
TROUVÉ ÇA LOUCHE.
POUR MOI, LE
GRAFFITI, C'EST
DEHORS. C'EST
LA RUE SURTOUT !

« Quand on est monté sur scène, on avait trois ans de graffitis derrière nous. Même si personne n'était capable de mettre des visages sur notre nom, tout le monde connaissait NTM. »

J'ai toujours trouvé que certains acides ressemblent à des crottes de nez. Du coup, t'imagines bien qu'il était tentant de revendre ses propres crottes de nez.

QUAND L'ECSTASY ARRIVE SUR LE MARCHÉ, ÇA ME CASSE DIRECT LES COUILLES. C'EST TROP MIGNON POUR MOI.

Quand j'arrête de penser, j'ai l'impression de prendre des vacances.

Avez-vous déjà souhaité la mort de quelqu'un ?
La mort, non. Mais qu'il fasse une belle chute dans les escaliers, oui.

Au premier concert de NTM, je lâche mes « Pow pow pow ! Le 93 est là ! 93 ! » Tous mes trucs, mon jeu de scène sont venus naturellement.

QUAND JE SUIS ENTRÉ LA PREMIÈRE FOIS DANS UN STUDIO, J'AI D'ABORD REGARDÉ LA PORTE. PUIS LA TABLE DE MIXAGE, JE ME SUIS DEMANDÉ COMMENT UN TRUC AUSSI GRAND AVAIT PU PASSER PAR UNE PORTE SI PETITE.

« Les rappeurs ne sont pas plus engagés que les footballeurs. Combien de rappeurs répondent à l'urgence ? Très peu !
Les rappeurs n'ont pas de point de vue politique, ils font du social… et encore !
Cela dit, on aimerait bien que Zidane fasse autre chose que des pubs pour Danone et la sécurité routière. »

Le public de notre premier Zénith, je le chope à coups de pied-de-biche.

Avis aux nouveaux arrivants
qui vendent du vent,
C'est devenu le concept pour aller
plus vite de l'avant,
Tu te dis underground ?
File, toi, ta mère et ta bande,
T'es pas de mon monde,
Je ne veux même pas qu'on
nous confonde.

(« Je vise juste » sur l'album
Suprême NTM, 1998, Suprême NTM)

Notre aura est XXL. Tout le monde veut en être. Ça nous agace. Tellement que nous pensons qu'ils se foutent de notre gueule. Ils se déguisent avec des joggings tout neufs et des casquettes. Mais pas de bol, ils ressemblent surtout à des profs de sport.

COMME JE NE SUIS PAS RAISONNABLE, IL FAUT TOUJOURS S'ATTENDRE À CE QUE JE FASSE DES CHOSES DE DINGUE.

J'ai direct le sentiment que NTM n'est pas si éloigné que ça de la chose rock. Dans ma tête, je me dis qu'on peut rivaliser avec les pantalons moule-couilles.

LE STUDIO M'EMMERDAIT. SANS LA SCÈNE, JE NE SERAIS JAMAIS ALLÉ AUSSI LOIN.

« À Marseille, nos concerts se sont toujours bien passés. Même quand je leur chantais :
« Paris, c'est magique, Marseille en D2. » »

QUAND JE SUIS BOURRÉ, JE ME LA FERME ET JE NE RENTRE PAS CHEZ MOI.

« Pendant un bon bout de temps, j'ai eu l'esprit MJC. Celui qui fait dire que même si ce n'est pas carré, dès que l'on est ensemble, on peut y aller. Ça le fera toujours. »

Tourner, c'est attendre. Tout le temps. Il faut suspendre le temps et ne jamais se poser de questions. Je me focalise uniquement sur la scène car je ne veux pas louper une date. Je vise la fulgurance. En permanence !

UN JOUR, EN TOURNÉE, ON EST ENTRÉS DANS LA COUR DES GRANDS. ON DORMAIT DANS DES HÔTELS IBIS. ON AVAIT GAGNÉ !

Je vois la scène comme mon bout de terrain.

ON NE TOURNE QU'EN HIVER AVEC NTM. L'ÉTÉ, CE N'ÉTAIT VRAIMENT PAS UNE SAISON POUR NOUS.

Un tube relève du métier de plombier, mais certainement pas de celui de musicien.

C'EST PAR LA PRESSE QUE NOUS AVONS COMPRIS QUE NOS TEXTES COMPTAIENT.

POUR MOI, LA RUE ET LA SCÈNE, C'EST PAREIL.

LE RAP EST BIZARRE. LES ARTISTES FOUTENT RAREMENT LA MERDE. L'ENTOURAGE, PLUS !

Certains pensent me mettre bien en me disant que NTM a beaucoup fait pour le hip-hop. Faux. Nous avons été un grain de sable dans l'édifice.

« Ma mère m'a toujours dit que j'avais un beau sourire. J'avais envie qu'elles brillent. Je les voyais donc comme un bijou. Alors non, je ne m'étais pas fait poser des dents en or. C'était un cache-misère. Mes dents, je les fixais avec des clips. Comme un bijou. »

Il faut savoir qu'en vacances je n'ai jamais fait de photos. Alors je ne suis pas mécontent d'avoir réalisé les clips de « Ma Benz », « Pose ton gun », « Laisse pas traîner ton fils » et « Seine-Saint-Denis Style ».

Les lauriers,
c'est pour
les autres.
Les lauriers,
je m'en bats
les couilles.

ON EST VENU ME CHERCHER, MOI JE N'AI JAMAIS POSTULÉ POUR ALLER FAIRE DU CINÉMA...

La musique, elle se passe sur le terrain.

L'IDÉE, AU DÉPART, C'ÉTAIT QUAND MÊME DE SORTIR DU 93. GRANDIR DANS LES QUARTIERS, ÇA DEVIENT DE PLUS EN PLUS TENDU. ON VA BIENTÔT DEVOIR ZIGZAGUER ENTRE DES SACS DE SABLE POUR ALLER À LA BOULANGERIE.

VOUS Y RETOURNEREZ À SAINT-DENIS ? POUR Y FAIRE QUOI ?

JE NE BOSSE PAS DANS LE SENS DU CAPITAL SYMPATHIE.

Il y a un truc que je disais il y a longtemps : la banlieue, c'est comme un sac à dos. Ça ne vous quitte pas comme ça. On peut faire plein de manières, mais il reste toujours quelque chose dans l'attitude.

Systématiquement pris par l'envie,
D'un instant funky,
Non pas de facétie,
Mais plutôt de la basse,
Un riddim qui tabasse,
Manettes à fond, ça décrasse,
Et crée de l'espace,
C'est la thérapie que
je suis depuis tout petit,
Sans comprendre,
j'en étais déjà épris,
J'en avais déjà l'envie,
Ne me doutant pas que
ceci tracerait ma vie,

Me permettant d'échapper à l'ennui,
J'en ai pour toute une vie, so funky,
Qui, qui je suis ?
Quoi ! Vous ne m'avez toujours pas remis ?
Moi, gardien de sa survie pour
toute la décennie,
Moi, contre la perfidie qui jette le discrédit,
L'infra-soul, l'infra-jazz, l'infra-funk,
Vous avez dit funk ?
Et là je reviens comme un tank,
Sur ce groove qui tonne,
Voici le new Gorgone,
Quoi qu'il advienne il come,
And again come...

[« Come again (Pour que ça sonne funk) »
sur l'album *Paris sous les bombes*,
1995, Suprême NTM]

JE SUIS UN BESOGNEUX, IL N'Y A PAS DE SOUCI. MAIS PAS TOUTE LA SEMAINE, QUOI.

Vous vous ennuyez parfois ?
Oui, mais je suis très mauvais à ça. Je ne sais pas m'ennuyer. Donc je fais des conneries, j'embrasse le cul de Dieu.

Ça sent quoi le cul de Dieu ?
Ah bah les psychotropes entre autres. Mais je ne suis pas du genre à sortir tous les soirs.
Je reçois plutôt. Je vis dans un des derniers salons mondains où on parle encore culture urbaine. On appelle ça « faire des tours d'horloge ». On est spectateur du néant.

MON PÈRE A JOUÉ AU FOOTBALL AVEC MOI TRÈS TÔT, ENFIN DISONS QUE J'AI SURTOUT FAIT OFFICE DE BALLON.

Mon père a voulu que son fils soit plus intégré qu'un vrai Français. Mais il a juste oublié une donnée : c'est qu'on était français.

Aujourd'hui, le rap est assis sur une montagne de clichetons. Il a oublié le caractère ludique de l'histoire. Pour certains journalistes, *Suprême NTM* est un album commercial. N'importe quoi ! Il est dans la même veine que les autres. La seule différence, c'est que le hip-hop est entré dans les mœurs.

La Haine, à l'époque, j'étais très remonté contre. Il n'y avait rien d'exact là-dedans. J'avais trouvé ça très cliché, Mathieu Kassovitz était très suffisant. C'étaient les premiers bobos qui s'intéressaient à nous et allaient voir ce qui se passait dans le zoo.

**Le rhum
ce n'est pas
de l'alcool,
c'est du jus
de soleil !**

QUAND ON VA AUX PROJOS, DÈS QU'IL Y A PLUS DE TROIS PERSONNES QUI ME TARTINENT LE CUL EN ME DISANT : « OUAIS, C'EST GÉNIAL », JE NE SAIS PLUS OÙ ME METTRE. JE DIS PAS QUE ÇA ME DÉRANGE MAIS JE SAIS PAS OÙ ME METTRE.

J'ai fait deux sixièmes
et deux cinquièmes.
Par contre, comme
j'ai fait qu'une quatrième,
j'en ai déduit qu'ils
ne voulaient
plus me voir.

QUAND JE DIS QUE L'AMOUR CRÉTINISE, C'EST JUSTE QUE L'AMOUR ÇA SENT LA BARBE À PAPA COMME ÇA SENT LA MERDE.

« Je suis comme tous les gens qui vivent vers le Panthéon, le cul bien assis. Des semi-bourgeois qui pensent à l'autre encore, qui ne refusent pas de payer des impôts, d'agir pour la collectivité. Être de gauche, c'est se dire à un moment donné qu'on n'est pas tout seul. »

LE RACISME EST UN SPORT NATIONAL.

J'ai le « bamboula »
et le « bougnoule »
facile !
Je ne traîne qu'avec
des moricauds,
on parle comme ça !

LE COMMUNAUTARISME M'A TOUJOURS INQUIÉTÉ. SURTOUT CELUI QUI SE SERT DE LA GUEULE DE L'AUTRE COMME PIÉDESTAL.

QUAND TU FAIS DU RAP EN 1990 ET QUE TU T'APPELLES NIQUE TA MÈRE, CE N'EST PAS POUR FAIRE CARRIÈRE. AUJOURD'HUI, LES GENS FONT DE LA MUSIQUE POUR FAIRE CARRIÈRE.

Quand on fait un disque, c'est l'alibi qui fait la raison. Je fais de la musique pour la jouer, pas pour vendre des galettes.

La promo à la télé me casse les couilles. J'ai vraiment l'impression de vendre des tapis.

La première fois que j'ai vu un graffiti, c'était dans un manuel de géo. On était sur les États-Unis et j'ai vu la photo d'un train de New York recouvert de graffitis. Elle était à peine plus grande qu'un timbre. Moi, j'arrivais de Saint-Denis et je me demandais comment ce genre de choses pouvait exister.

JE NE CRITIQUE PAS CEUX QUE JE NE CONNAIS PAS. QUE LES PISSE-FROID RESTENT CHEZ EUX !

Un jeune rappeur peut-il rêver de monter un jour sur scène, à l'Olympia ou ailleurs ?
S'il veut faire de la musique, il faut d'abord qu'il arrête de rêver. En musique, il n'y a pas de place pour le rêve. Au conservatoire, il y a de la place pour le boulot et l'ambition.

Ouh là là, je suis fatigué moi, j'ai les coquillettes comme des raisins !

PERSONNE NE ME DIT CE QUE J'AI À FAIRE. SINON JE FAIS L'INVERSE, QUOI QU'IL ARRIVE.

Gérard Depardieu, c'est notre Marlon Brando à nous. « Gérardment » vu ça. Il est très intelligent comme il peut être très relou par moments. Il est très tout, quoi. Il ne vit pas dans les yeux des autres, il est ce qu'il est. De trois mois de tournage avec lui, on sort fatigué mais content.

[« Seine-Saint-Denis Style » sur l'album *Suprême NTM*, 1998, Suprême NTM]

C'est de la bombe baby-boom !
Ça vient de Saint-Denis, tu reconnais là là,
Alors fais-toi, c'est ça, tout petit,
Quand Double R déboule pour te mettre l'enfer,
Tu crois que tu les as grosses, mais teste pas,
Double R, le tonnerre, l'expert de la maison mère,
À qui tu la feras pas à l'envers, négro c'est clair,
Big up à moi-même,
Tu trouveras pas mon pareil à des kilomètres,
C'est ça que t'aimes chez moi,
J'me la raconte pour le 9.3.,
Faut que je mette les MC's aux abois,
Je suis en mission mais je lâche pas,
Donc faut pas que ça traîne,
Parce qu'on n'a plus le temps pour ça,
C'est pas demain que je passerai la main,
Ou que j'arrêterai le combat,
C'est clair que je vis que pour ça,
Et puis que je pense que comme ça,
Je bouge pas, depuis le temps que j'envoie, je balance,
Des bombes pour toi sans me vanter, j'peux chanter
Que je roule avec un crew déjanté,
Prends tes jambes à ton cou, Seine-Saint-Denis Zoo !

ÇA NE VOUS REGARDE PAS POUR QUI JE VOTE. SINON POURQUOI ON AURAIT DES URNES ?

Les gens aujourd'hui aiment moins la musique. Tout est basé autour de la posture, on le voit bien au travers des lyrics. Les mecs se contentent d'un beat, basse, piano. Et il y en a plein qui ne connaissent même pas Bob Marley. Moi, j'ai une culture albums, vinyles, pas playlists.

Il arrivait qu'il y ait une opposition avec NTM, quand on montait sur scène on se bouffait la gueule. C'est ce qui donnait la synergie du truc.

C'est compliqué de continuer à être musicien quand on est dans l'univers hip-hop ?
Il est indéniable que j'ai une identité forte dans ce que je fais et qu'à un moment donné, comme je suis bien dans ma crasse, j'écoute ce qui se passe autour et je m'en imprègne. Mais je crois que tu as dit le bon truc : avant tout, je cherche à être musicien.

Quelle est ta vision du hip-hop ?
Je ne pense pas avoir un œil sur tout mais, quand les autres font tourner leur histoire, je tends l'oreille. Tous ces gens qui n'aiment pas la musique, l'attitude « Moi, le rap, je m'en bats les couilles »... Eh bien chie dans ta gamelle mais fais ça chez toi, pas sur un mic. Ça, c'est manger sa merde à même le sol.

CE NE SONT PAS LES CHIFFRES DE VENTES QUI FONT DE TOI LE PREMIER DE LA CLASSE.

QUAND ÇA TOURNE, QUE ÇA COLLE À TON INTERPRÉTATION, PEU M'IMPORTE CE QUE TU RACONTES.

Je n'aime pas la musique juste pour l'écouter dans ma voiture et passer devant les gens en faisant des signes. La musique, je ne la vis pas dans les yeux de l'autre.

À l'époque de NTM et du morceau « Pose ton gun », vous étiez plus naïf ?
Non, on savait déjà que ça changerait rien. Et pourtant, Bruno et moi, on avait vraiment la volonté, on voyait ça comme un acte citoyen. Moi, j'ai toujours eu le sentiment de faire de la musique qu'on peut écouter comme ça, pour danser, mais aussi pour écouter ce que ça dit.

NTM, ça reste les plus belles années de votre vie ?
Bah ouais. On a écrit nos premiers textes en réaction et puis, au bout d'un moment, tu remplis le Zénith. Le cheminement de bien des groupes, tu vas me dire. Sauf que là, il y avait autre chose. Regarde : on sort notre maxi Le *Monde de demain* et derrière arrivent les émeutes de Vaulx-en-Velin.

À quel moment perdez-vous pied avec NTM ?
On ne perd pas les pédales avec le succès, non. Pour parler de la drogue, moi je me suis toujours mis la tête dans le sac, bien avant de faire de la musique. J'ai toujours été comme ça. Mais c'est surtout la solitude qui peut faire perdre les pédales. Et puis j'ai eu des enfants. Ça structure. Et puis quoi, t'es avec un mec depuis l'âge de 17 ans, vous êtes constamment collés l'un à l'autre, forcément à un moment ça clashe.

« Je sais pas en parallèle s'il y a vraiment un autre mouvement musical où les gens prétendent être là juste pour la thune, pour te prendre ta thune. Je trouve ça aberrant, effarant. »

ON NOUS A CASTÉS, D'AUTRES ET MOI, POUR ALLER REPRÉSENTER UNE DES PLUS GROSSES ÉCOLES DE DANSE CONTEMPORAINE POUR LE CARNAVAL DE VENISE. ET APRÈS, DU COUP, JE SUIS RESTÉ ENSEIGNER L'ELECTRIC BOOGIE, DONC CE QU'ON APPELLE PLUS COMMUNÉMENT LE SMURF, À DES VIEILLES ROMBIÈRES, À MILAN.

À qui ou à quoi aimeriez-vous ressembler ?

Henri Salvador, mort.

À qui ou à quoi ressemblerez-vous dans dix ans ? À un bout de viande encore plus desséché.

En quoi excellez-vous ?
La connerie.

Que détestez-vous plus que tout ?
La connerie, quand elle n'est pas utilisée à bon escient.

JE JURE SOUVENT « SUR LA CHATTE À PÉPETTE » QUE JE NE RECOMMENCERAI PLUS. ET, BIEN SÛR, JE RECOMMENCE.

Que faites-vous pour vous détendre ?
Je monte sur scène.

JE SUIS LE SEUL RAPPEUR EN FRANCE À AVOIR UNE COIFFEUSE DANS SA CHAMBRE ; ELLE Y ÉTAIT DÉJÀ QUAND J'AI ACHETÉ LA MAISON.

Quel défaut pouvez-vous pardonner ?
Ceux que je n'ai pas.

Quelle est votre passion honteuse ?
La « vaisselle de poche ». C'est comme ça qu'on appelait la masturbation quand j'étais militaire.

De quel sport êtes-vous fan ?
Du « décollage ». Chez nous, aux Antilles, c'est l'expression pour « boire du rhum ».

Comment gérez-vous le trac ?
Je n'ai pas le trac. Je suis plutôt électrique avant de monter sur scène.

Votre jour préféré ?
La veille d'un concert.

Celui que vous détestez ?
Le jour de l'An. Et Noël.

Faites un vœu.
Je ne fais pas ce genre de truc.

De quoi êtes-vous gourmand ?
De tout. Même des salsifis.

Quel est selon vous le pire tue-l'amour ?
Manquer de galanterie.

Quel rêve ou cauchemar récurrent faites-vous ?
Je vole.

« Quand tu as le luxe de faire de la musique, tu fais les choses pour toi et pas pour plaire aux gens. La musique qu'on fait, c'est aussi un exutoire, c'est une prise de position, mais ce n'est en aucun cas pour l'autre. C'est très égoïste et c'est ça la magie. »

ON FAIT DU RAP POUR NOUS EMPÊCHER DE FAIRE DU ZOUK.

État d'urgence ou pas, le vrai problème, c'est que tous les gens de confession musulmane et tous ceux qui ont des têtes de moricauds comme nous vont en pâtir. L'amalgame qui est souvent fait va encore être accentué. Ce ne sont pas que des gens avec une tête de moricaud qui font ça. Ce sont aussi des gens avec une tête de Blanc et un corps de marcassin. L'une des conséquences directes de l'état d'urgence, c'est que le Français lambda, qui n'est pas que blanc, va épier l'autre.

« PPDA, c'est l'archétype de l'imposture, lui et Pernaut, même combat. Mais le problème, c'est le traitement de l'info. Quand je suis allé à Cachan avec les sans-papiers, j'ai vu le traitement qu'en ont fait les JT : ils en parlaient comme des délinquants, pas comme des travailleurs. La télé, c'est l'antichambre de la fraternité. »

Ça m'horripile qu'on dise de moi : « Finalement, il est intelligent. » Ça ne m'intéresse pas de jouer les singes savants.

Je prétends connaître l'époque dans laquelle je vis, donc je m'informe pour rester alerte et réactif. La culture, je ne sais pas ce que cela veut dire, à part que c'est une nécessité d'apprendre qui je suis.

« J'aime la mythologie pour ses belles histoires. Quand on m'en raconte une, je suis comme un gosse devant un feu de camp, les yeux grands ouverts. Gorgone, je l'ai choisie parce qu'il me semble sans prétention, que dès que je fais un geste ou que j'ouvre ma bouche, j'arrive à pétrifier pas mal de gens. »

On avait notre nom dans 90 % des stations, on était les meilleurs, les plus gros défonceurs du métro.

À chaque fois qu'il ouvre la bouche, je me dis : « Tiens, j'ai pas un truc à faire. »

TOUT EST BASÉ SUR NOTRE VÉCU, NOTRE QUOTIDIEN ET CE QU'ON VOIT DANS LA LUCARNE MAGIQUE (TV).

J'ai pas besoin de jouer un rôle, je suis subversif, c'est ma nature.

JoeyStarr en flic, ça peut surprendre vu vos rapports avec la police.
Déjà, tu vas me dire tu, sinon je vais m'en aller. Ensuite, oui, j'ai fait des conneries, donc des mauvaises relations avec les flics, j'en ai eu. Mais je suis pas pour qu'il n'y ait pas de police. J'en n'ai pas après l'individu. J'en ai après l'uniforme. La BPM, on leur a fait une projo, et ils se sont reconnus. Pour moi, la vraie médaille, c'est ça. Les flics de la BPM, ils sont méprisés par les autres parce qu'ils font pas les cow-boys, ils reçoivent des enfants derrière leur ordi. Mais, pour moi, ce sont vraiment des gens qui sont là pour servir. Ils sont le pouls du peuple, au même titre que les pompiers qui ramassent les mecs crevés par terre.

« Avec la BPM, jamais de routine, tout est selon les individus, dans la confrontation des paroles. Leur volonté de se mettre au service des autres, c'est pas anodin. Ils ont pas tous été fracassés petits, mais il y a chez eux quelque chose, une sensibilité. »

Moi aussi j'ai des comptes à régler avec la vie. Moi aussi je me bats contre le vent, et si j'y arrive pas, je recommencerai demain. Mais je ne suis pas victime. J'aime pas les gens qui se posent en victimes. Même quand j'étais enfant, je me plaignais pas. Quand je voyais les assistantes sociales, je ne leur disais pas ce que me faisait mon père. Je ne pouvais pas leur dire : « Il m'a fait ça, il m'a tapé. » Je n'avais que lui. Mon monde s'arrêtait à lui.

L'INCARCÉRATION NE RÈGLE RIEN. J'AI ASSISTÉ À DES SCÈNES OÙ LES MECS RIGOLENT : « TU VAS PRENDRE DIX ANS, MOI QUINZE. » PUTAIN LES MECS, ILS ONT 20 ANS ET C'EST DE LEUR VIE QU'ILS PARLENT COMME ÇA ! DANS LES TEXTES DE RAP, ILS EN FONT L'APOLOGIE : « ON EST DES VICTIMES, ON VA EN PRISON. » JE SUPPORTE PAS CES DISCOURS FATALISTES ET VICTIMAIRES.

Je suis plutôt discret, j'aime qu'on me foute la paix. Les gens qui te prennent en photo quand t'es avec tes petits, ça peut me rendre dingue. Tu leur dis : « Non, je suis pas ton cadeau Bonux », ils comprennent pas. C'est mon humeur qui gère mes journées, je sais que ça peut exploser. La dernière fois, j'ai été chercher des clopes en bas de chez moi et je me suis retrouvé à faire sept mois.

Il faut quand même savoir que, quand on a commencé avec NTM, il n'y avait pas réellement de créneau au niveau promo, d'émissions musicales, de choses comme ça. Et on se retrouvait, à chaque fois, en face de syndicats de policiers ou du ministre de la Ville, enfin que des têtes carrées, quoi.

LA DROGUE ?
J'AIME EMBRASSER LE CIEL. JE N'ACCEPTE PAS TOUJOURS LA NOTORIÉTÉ, DONC, PAR MOMENTS, JE SUSPENDS LE TEMPS, POUR AVOIR L'IMPRESSION D'ÊTRE TRANQUILLE… ET PUIS J'AIME L'EXCÈS. JE TOURNE BIEN AUTOUR DU POT, NON ?

Tu es ma mire, je suis la flèche
que ton entrejambe attire.
[« Ma Benz » sur l'album *Suprême NTM*, 1998, Suprême NTM]

Lassé des faits divers ?
Je ne le souhaite à personne : t'as pété de travers, c'est dans le journal. Mais une partie de mon public fait la part des choses. D'un côté, j'ai de la chance : on porte moins atteinte à mes droits qu'à ceux d'un anonyme. De l'autre, je sais que lorsque j'entre dans un tribunal avec les keltons on ne va pas me rater. Ma touche, les impôts que je paye, le fait que je ne sois pas politiquement correct... Les mecs se disent : « Il s'accorde des libertés, lui ! » Alors que jamais dans ma vie je ne me dis que tout m'est permis.

« Au-dessus des lois je bâtirai mon toit » était pourtant la devise de NTM...
Oui, mais au niveau des choses à dénoncer, du vrai devoir de citoyenneté. Je ne suis pas un gangster. Au contraire, je préfère me dire que ma mère est rassurée.

Votre relation avec Béatrice Dalle ?
Je suis entouré de névrosés, de gens bouillants, Béatrice et moi compris. On a tous une grande gueule, on est un peu tendus, donc, des fois, ça part en couille... C'est surtout qu'on est de grands enfants : on a envie de vivre et, dès qu'on a l'impression qu'on nous en empêche, ça nous met hors de nous. Et puis on se dit pas : « T'es une célébrité, fais gaffe ! » Tombé dans la musique par accident, je ne cherche pas à travailler mon image et je ne saurai jamais me taire devant quelqu'un qui me prend pour un con.

C'EST LA JEUNESSE QUI FAIT PEUR, PAS SEULEMENT LES CASQUETTES.

Il est arrivé qu'on me dise : « Quoi, toi avec ta tronche, t'es français ? » Je réponds : « Mais moi, j'ai rien demandé les mecs... » Être français, pour certains, c'est faire son service militaire. Moi, quand je suis arrivé à l'armée, je n'ai jamais vu un ramassis d'imbéciles aussi dense sur deux hectares. Tu te dis que c'est ça la France, c'est flippant.

« Ma mère me considère comme un poète, mais lorsqu'elle dit quelque chose, tu t'exécutes. »

DÈS QU'ON ME DEMANDE OU QUE JE DOIS FAIRE QUELQUE CHOSE, J'AI TOUJOURS POUR HABITUDE DE DIRE QUE CELA ME FAIT CHIER D'ABORD. ET APRÈS J'Y VAIS.

J'AIME LES GENS QUI N'ONT PAS UN CADRE FORMEL.

Je trouve qu'en musique dire « je », c'est la formule la plus polie. C'est aussi être fier de ce qu'on dit, même si on sort des conneries. Au final, je crois que je ne sais pas faire autre chose que parler de moi ou voir les choses à travers moi.

Pur produit de cette infamie,
Appelée la banlieue de Paris,
Depuis tout jeune je gravite
avec le but unique,
D'imposer ma présence,
Trop paresseux pour travailler,
Trop fier pour faire la charité,
Oui je préfère la facilité.
Considérant que le boulot
M'amènera plus vite au bout du rouleau.
Alors réfléchissez, combien sont
dans mon cas,
Aux abords de vos toits,
Et si cela est comme ça,
C'est que depuis trop longtemps

Les gens tournent le dos
Aux problèmes cruciaux
Aux problèmes sociaux,
Qui asphyxient la jeunesse,
Qui résident aux abords
Au Sud, à l'Est, à l'Ouest, au Nord.
Ne vous étonnez pas,
Si quotidiennement l'expansion
de la violence est telle,
Car certains se sentent seulement concernés
Lorsque leurs proches se font assassiner...
Est-ce ceci la liberté, égalité, fraternité ?
J'en ai bien peur.

[« Le Monde de demain »
sur l'album *Authentik*,
1991, Suprême NTM]

Quand tu chantes devant les gens, tu ne sais pas l'aura que t'as, même si tu imagines un peu. C'est simplement quand quelqu'un vient te voir pour te dire qu'il a envie de te mettre dans son film que ça devient réel. Moi, je déteste mon image par exemple, je déteste faire des photos. Si je me suis retrouvé à faire du cinéma, c'est parce que Maïwenn m'a demandé d'écrire une chanson pour Charlotte Rampling. C'est comme ça que je me suis fait cueillir, sachez-le.

QUELLE QUE SOIT LA DISCIPLINE PRATIQUÉE, ON A TOUJOURS ÉTÉ DES PERFORMEURS. DANS LA DANSE, LE GRAFFITI, LE RAP.

On vient des quartiers, donc le sport national c'est la chambrette. Ou quand ça devient trop sérieux, tu mets une connerie sur le tapis.

SANS KOOL SHEN, QUI EST UN VRAI JUSQU'AU-BOUTISTE, NTM N'AURAIT PAS EXISTÉ. OU ALORS SI, MAIS DANS UNE VERSION PLUS BANCALE.

Au départ, pour la promo, on ne se retrouvait que dans des émissions à caractère social. On est des gens sincères et honnêtes et on a toujours pris ça comme de la promo, alors ça nous cassait les couilles qu'on vienne nous chercher pour défendre les mazoutés quand on était venus vendre un disque. Après, t'as les syndicats de keufs en face, un homme politique, un sociologue... C'est pas notre univers. Faire miauler les mecs dans les chaumières, c'est pas notre posture.

On allait faire des graffitis la fleur au fusil. Lui, il peignait, pendant ce temps moi j'allais voler une mobylette pour rouler sur les rails, ou j'étais bourré... Au départ, on passait notre temps à rigoler. On partait à Deauville, on voyageait dans les frigos pour pas payer le billet, le soir on dormait sous les linos sur lesquels on dansait la journée ! Bon, voilà, on était heureux ! Déjà, on sortait de chez nous. Tout s'est un peu fait dans cette continuité. La première fois que je me suis retrouvé en studio, j'ai pas pris le truc au sérieux. On a commencé à être pro quand on a fait notre premier Zénith.

La femme est sublime. Et pas juste pour son cul, mais à tous les niveaux. La femme nous fait vibrer, nous les hommes. C'est elle qui domine le monde et on est les cons.

Quand t'es-tu rendu compte que tu étais subversif ?
Quand j'étais au tribunal à Boboche parce que je m'étais fait griller pour des graffitis et que la juge m'a demandé : « Pourquoi faites-vous ça ? » J'avais répondu : « J'existe donc je suis subversif. » Je devais avoir 16 ans, mais je savais déjà que je n'avais pas envie de rentrer dans les normes. Ensuite, pour peu que tu aies le discours qui corresponde, tu deviens un vrai fouteur de merde !

SI TU NE RAMASSES PAS TA QUESTION, JE ME BARRE.

Les concerts, avant, c'était le bromure. Il n'y avait que des mecs. Aujourd'hui, il y a quelques filles qui viennent, donc on a aussi envie d'exprimer ça. On a envie de desserrer un peu la ceinture

1998

IMAGINE UN ANTILLAIS À QUI TU FAIS UN HYMNE SUR SA VOITURE… COMMENT IL EST HEUREUX !

Le flow doit donner l'impression que c'est complètement usuel. Quand je travaille avec des jeunes et qu'ils me disent : « Je voudrais que tu lises mon texte », je leur réponds que je ne suis pas lecteur. C'est de la musique. Il y a autant de différences entre un texte et un rap qu'entre un scénario sur papier puis interprété.

CE QUI M'A ENDURCI, CE SONT TOUTES LES FOIS OÙ L'ON M'A DIT QUE JE N'AVAIS RIEN À FOUTRE LÀ, OU QU'ON ME L'A MONTRÉ.

Aujourd'hui, il est plus simple d'être un auteur et d'écrire des choses formatées : trois couplets et un refrain qui ne dit rien, mais que tout le monde chantera. Nous, nous ne sommes pas des auteurs : nous écrivons ce que nous avons. Donc je m'écarte. Une chanson, c'est un truc qui ne dit rien et que tout le monde chante.

Artiste, c'est comme Rémy Bricka. Tu te souviens, l'homme-orchestre ? Un harmonica, un tambour dans le dos, des cymbales entre les jambes, des grelots. Lui, c'est un artiste. Moi, je suis un imposteur. C'est par le biais de l'informatique que j'arrive à faire de la musique. Je n'ai envie d'écrire que par réaction, jamais en me disant que ça va être beau ou génial... En plus, je suis incapable d'écrire pour quelqu'un d'autre.

1998

JE NE SUIS PAS UN BEATNIK, DONC JE NE SUIS PAS UN MEC COOL.

JE NE PARLE PAS QU'AUX JEUNES ! CE SERAIT RACOLEUR ET SUFFISANT DE DIRE ÇA.

Je suis prêt à jouer un travelo roux unijambiste et borgne si l'histoire est bien.

« Beaucoup croient encore qu'il y a une porte de sortie grâce au rap. Ce qui est complètement con. On se trouve au bord du précipice, les mecs s'imaginent qu'ils font un titre et que l'argent va couler à flots. Par hasard, on s'est retrouvés à écrire des textes. Mais on n'espérait rien ! On l'a fait comme j'aurais pu aller m'inscrire au tennis parce que je sens que j'ai un bon coup droit ! Cela nous remplissait la tête, on se faisait du bien. »

2007

Qu'est-ce qui vous a séparés avec Kool Shen ?
On a beau être hétérosexuels au possible, nous avons tous un côté féminin. On a cherché lequel de nous deux pouvait faire la femme. On n'a pas trouvé !

NTM, je l'ai vécu comme une histoire d'amour avec une gonzesse qui te le fait à l'envers.

Il y a une chose que je fais et qui n'a pas bougé, c'est la manière dont je monte sur scène. Mon métier à moi, c'est d'officier sur les planches, ça commence à ce moment-là. Vendre des disques, à l'heure actuelle je m'en bats les reins. Si je suis encore debout, c'est que contrairement à ce que pensent certaines personnes je ne suis pas devenu une speakerine.

« On a la musique qu'on mérite. Et même au-delà, on a le monde qu'on mérite. Ce qui marche aujourd'hui c'est le produit. Avec le bon emballage, le code couleur, le qualitatif vient en dernier. Aujourd'hui, avec trois titres tu peux vendre un million d'albums. »

IL Y A UNE ÉNERGIE PUNK CHEZ ÉDITH PIAF, CE N'EST PAS JUSTE DE LA FOLIE DOUCE, IL Y A UN CÔTÉ HYPNOTIQUE.

Pour moi, le propre d'une belle chanson, c'est aussi que les générations d'après en fassent autre chose, même si cela peut dépasser l'auteur.

AVEC LE CINÉMA, TU DEVIENS UN GENRE D'ABAT-JOUR DANS LE SALON DES GENS.

« Aux joueurs de foot j'ai envie de dire : « Vous êtes des êtres à part, soyez grands, faites-nous bander, quoi, épargnez-nous vos problèmes perso. » »

Quand j'ai fumé mon premier joint, mon père qui n'est pas attentionné, ne s'en est même pas rendu compte. Normal, dans la famille, on est tous allergiques à la poussière.

***Scarface*, j'ai découvert sur le tard. J'ai envie de te dire que si c'est ta référence, va te peser. Moi, mes références de cinéma elles se trouvent en France : Lino Ventura, Jean Gabin, Bébel bonne époque ou Blier. C'est du lourd, tu peux rien faire. Ils ont une aura. Même quand ils jouent un truc un peu cucul la praline, ça marche. Rochefort, Noiret, entre autres, tu peux rien faire contre eux.**

Dans le cinéma, je me mets juste à la disposition d'un boss, je suis un très bon soldat. Mon expression sur un film, elle est juste au service d'un capitaine, d'une histoire, de protagonistes avec qui on va faire monter la sauce. Le truc militant dans le cinéma, la posture, ça n'appartient qu'au réalisateur.

On est arrivés par le rap et on sortira par le rap.

JE N'AIME PAS L'INERTIE, JE NE SAIS PAS M'ENNUYER.

J'aime la musique dans sa globalité, et sa couleur, je m'en bats les reins. Il n'y a rien de plus horrible que les DJ électro qui secouent la tête, penchés sur leurs machines, sans aucune interaction avec le public, et certains rappeurs auxquels j'ai envie de dire : « Les gars, j'en ai quinze comme vous à la maison, alors sortez-moi quelque chose, mettez une dimension à ce que vous faites. » Je peux tout entendre si, sur scène, le type se livre avec une réelle intention.

JE SUIS BEAUCOUP TROP FAINÉANT POUR FAIRE SEMBLANT.

Je suis un hyperactif. Il n'y a que mon lit qui arrive à me tenir aussi longtemps. C'est devenu mon bureau.

J'AI UNE FAMILLE, DES AMIS MAIS J'ALTERNE ENTRE PLAISIR ET SOUFFRANCE. J'AI CE BESOIN DE CHIER DANS LA DOULEUR. MAINTENANT, IL FAUDRAIT QUE JE PENSE UN PETIT PEU MOINS À MOI, ET PLUS AUX MIENS.

Où seriez-vous aujourd'hui sans NTM ?
C'est trop dur de répondre à ça... Je serais en train de faire du vélo cet après-midi parce qu'il fait beau.

Réagissez à tout prix,
vous sentez pas l'odeur de soufre ?
C'est le souffle de l'individualisme,
moi ça me rend ouf !
Y a rien à faire, le fardeau pour l'homme
a toujours été lourd,
Quelle que soit l'époque, la misère
n'a pas de beaux jours,
Elle a toujours été là dans
des conjonctures similaires,
Nichée aux mêmes endroits, à toute époque,
elle est millénaire,
Ne serait-il pas temps qu'on mette
fin à ce règne ?
Il est temps de voir plus loin pour
ceux que la vie malmène,

Le politicard se dit sur le terrain, c'est bien !
Mais bien trop loin, gros roublard, du vrai quotidien !
Pour eux y a pas le feu, c'est pas comme d'autres
qui vivent dans l'attente,
Putain ! Mais qui a mis la misère sur cette
longue liste d'attente ?
Personne n'avait le droit, faut interdire la misère,
À tout prix, prendre parti, se débarrasser
de l'hypocrisie,
C'est pas gagné, surtout avant les étrennes,
On préfère attendre qu'il gèle, désensibilisés parce
que c'est pas notre problème,
J'ai pas de mots savants pour exprimer
ce que ça sent, ce que je ressens,
Mais les gens savent, sont forcément
au courant.

[« Odeurs de soufre » sur l'album
Suprême NTM, 1998, Suprême NTM]

Quel est l'ordre que vous trouvez le plus inacceptable ?
Tous.

Il m'arrive de miauler au cinéma, mais d'un œil.

AUJOURD'HUI, LE « GANGSTER RAP », C'EST LA POSTURE LA PLUS CONVENUE, CONFORMISTE ET COMMERCIALE QUI SOIT. DU REBELLE DE PACOTILLE.

Tu as souvent dit que l'écriture a été ton visa pour t'évader hors des murs...
Complètement. Je vais même te l'expliquer de manière plus basique. Tu t'y mets à 9 heures le matin, tu lèves la tête il est 17 heures. Et tu relèves la tête parce que tu as faim. La musique suspend le temps. Depuis toujours. Elle a été mon premier véhicule. Et je le dois à mon père qui écoutait beaucoup de musique, notamment de la chanson française. C'est le premier truc qui m'a permis de voyager sur place.
2011

D'UN CÔTÉ, IL Y A LE RAP. DE L'AUTRE, NTM. ÇA N'A RIEN À VOIR. APRÈS NOUS, TOUT LE MONDE TRÉPASSE.

Je m'amuse de ce que les gens pensent de moi et ce que je suis réellement.

La nouvelle génération vit avec un complexe, perpétue une culture de l'échec, qui est aussi engendrée par cette société de mépris, de l'individualisme et de la condescendance venue d'en haut.

À 15 ANS, J'AVAIS LES DEUX PIEDS DANS LA MERDE ET J'AVAIS DEUX FOIS PLUS ENVIE D'EN SORTIR.

En 2007, beaucoup ont hésité entre Sarko et Ségo. Moi perso, j'ai voté Gandhi, c'est-à-dire blanc. Malheureusement, les votes pro-Gandhi ne sont pas comptabilisés.

Toute la musique que j'ai faite jusqu'à présent, NTM inclus, c'est du carnet de bord. Je me raconte sans pudeur. J'y vais brut de pomme.

MOI, JE M'APPELLE NIQUE TA MÈRE, JE LES AI BIEN CONNUS LES CENSEURS BIEN-PENSANTS.

« Je suis bon en cuisine du pauvre, c'est-à-dire qu'avec une patate, un bout de bois et un pneu, je me démerde. »

JE SUIS BIEN DANS MA CRASSE, BIEN DANS MES POMPES, AVEC TOUT CE QUE ÇA COMPORTE COMME PROBLÈMES.

On sent que c'est une équipe encore en chantier, qu'il y a encore des automatismes à trouver. Mais on est premiers au classement. Rien que d'y penser, je mouille. Pendant des années, on a mangé notre pain noir.

2011

Aujourd'hui, parce que la musique n'est pas que branlette et cotillons, je dis que si quelqu'un tient le pavé, c'est Stromae.

JE RELAIE DE MON POINT DE VUE LA CONJONCTURE ACTUELLE POUR CEUX QUI N'OUVRENT PAS LE JOURNAL.

« À Marseille, ils ont tout un stade de coaches. »

LA PERFECTION N'ÉTANT PAS DE CE BAS MONDE, J'Y AI MA PLACE. ET JE SUIS CONTENT DE ME LEVER TOUS LES MATINS POUR M'EN ASSURER.

Pour la musique comme pour le cinéma, par le biais d'une frustration est née une envie.

C'EST PAS PARCE QUE TU PORTES PLAINTE QUE TU AS GAIN DE CAUSE.

JE DORMAIS DANS LE MÉTRO PAR CHOIX, J'AVAIS LES CLÉS DU MÉTRO, DES PORTES COCHÈRES, JE VIVAIS TRÈS BIEN À CETTE ÉPOQUE. JE N'AVAIS PAS D'ARGENT ET QU'EST-CE QUE JE VIVAIS BIEN !

MA RELATION AVEC L'ART EST NÉE D'UNE MÉPRISE.

J'aime les gens dont on a l'impression
que c'est plus le corps qui parle que la tête.

Je trouve cela plus élégant de dire « embrasser le cul de Dieu » que « tutoyer les anges ».

J'ADORE LA CRASSE MAIS, QUAND JE PEUX, JE PARS EN VACANCES.

Personne n'a oublié : il fut un temps,
on nous aurait pendus,
Comme des vendus, des bandits
à la langue trop pendue,
C'est les honneurs qu'on nous réserve
pour la suite ?
Parce que quand je kicke la vérité,
putain, ça se complique !
C'est pour ça que je lis dans leurs yeux la terreur
Ce qui me fait peur, c'est que mon cœur
Est aussi dur que le pays qui m'a vu
naître par erreur,
Ici, ce pays où l'esprit critique est en crise,
Écrasé par l'assise des hypocrites

qui ont la mainmise,
Misant sur l'info biz, la falsifiant,
T'façon faut que ça saigne.
On pousse les masses à la confrontation,
Putain, c'est pas bon,
Enlevez-nous ce bâillon,
Y a trop de trucs qui tournent pas rond,
Et donc face à tout ça, faut pas lâcher,
faut faire front !
Faut plus m'interdire de faire vibrer les consciences,
T'façon c'est tout ce que je sais faire,
j'en subis les conséquences,
Et si on censure, s'acharne à casser le Suprême,
C'est qu'on fait pas partie de la solution,
Mais peut-être plutôt du problème...

[« On est encore là »
sur l'album *Suprême NTM*, 1998, Suprême NTM]

L'état d'urgence, les migrants, l'Europe qui se déchire, on rafistole et l'image qui me vient en tête est celle du mercurochrome sur une jambe de bois.

Avec le recul, qu'a représenté NTM ?
Un courant libertaire, un pavé qu'on lance dans une vitrine.

ON LEUR A FAIT DU MAL AUX ROCKEURS. QUAND ON A FAIT LES PREMIERS FESTIVALS, ILS NOUS ONT VUS COLLÉS AU PLAFOND, ILS ONT COMPRIS. LES MECS SORTAIENT : « MAIS ILS SONT OÙ LEURS MUSICIENS ? » ON LEUR A MONTRÉ.

J'AI TOUJOURS EU CET AUTOMATISME CITOYEN DE DIRE CE QUE JE PENSAIS.

J'allais à l'école pour une bonne raison : comme mon père n'y était pas, j'avais la paix.

Aujourd'hui, l'étiquette rappeur ne nous suffit plus, on a envie d'être des musiciens.

On a fait des concerts, c'était de la poutrelle de chantier !

LE CULTE, C'EST QUAND DES GENS NOUS RACONTENT UNE HISTOIRE SANS AVOIR L'AIR D'Y TOUCHER. UN FILM N'A PAS DE COULEUR. DRÔLE OU TOUCHANT.

Le théâtre, c'est un sport de titans.

J'ai plutôt tendance à me définir comme un musicien et, quand tu aimes la musique dans sa globalité, tu la glorifies autrement qu'en tortillant du cul sur des clips de rap avec des nanas et des grosses voitures.

ÇA ME RASSURE D'AVOIR LE FRIGO PLEIN.

SE METTRE À TABLE, C'EST UN PEU UN CARREFOUR.

Le meilleur plat avec NTM, c'est le dernier. *Paris sous les bombes*, ce serait une belle souris d'agneau. Avec une polenta un peu relevée, piégée. Ç'a un goût de coriandre au départ et ça finit en lame de rasoir, tu vois ce que je veux dire ?

JE CONSIDÈRE QUE LA BOUFFE C'EST UN GESTE COMMERCIAL, SI TU VOIS CE QUE JE VEUX DIRE. PAR RAPPORT À UNE MEUF, ÇA FAIT PARTIE DES PRÉLIMINAIRES.

GARE AU JAGUARR, QUOI !

Je suis un accro à la sensation.

Au ballon, tout le monde était à fond sur *Plus belle la vie*. Pas moi. Il peut aussi m'arriver, avec un joint – mais j'en fume très peu –, de mater les reportages de TMC sur les faits divers pour rigoler comme un bossu : l'inverse de l'effet attendu.

Vous écoutez quoi comme musique dans vos cauchemars ?
Stomy Bugsy.

Qui est en tête du Top 50 dans vos cauchemars ?
Le Ministère A.M.E.R.

Vous mourez comment dans vos cauchemars ?
En écoutant du Stomy Bugsy.

Vous mourez à quel âge dans vos cauchemars ?
À l'âge de Stomy Bugsy.

Vous découvrez quoi sur vous dans vos cauchemars ?
Que je ressemble à Passi.

Vous vous faites attaquer par quel genre d'animal dans vos cauchemars ?
Un Sarcellois.

Je ne fais pas tout le temps rire tout le monde et j'adore ça.

LE HIP-HOP, IL EST OÙ ? IL EST LÀ, PAS AILLEURS !

« Le championnat n'est pas à la hauteur de Paris ! Il y a trop d'écart. On a envie de voir des confrontations. Du foot, merde ! »

2016

Quand Jaguarr brille, contente-toi de bronzer !

JE CONSIDÈRE QUE JE VIENS DÉFENDRE CE QUE JE FAIS ET NON PAS LE VENDRE.

Ça me dérange de me dire que je fais de la politique, car je trouve que je n'ai pas les épaules pour. Si jamais je voulais faire de l'action sociale pure, j'irais dans les MJC.

À LA BASE, J'AI BESOIN D'ÊTRE UN PEU CASSE-COUILLES. C'EST COMME UN SPORT. MA MAUVAISE HUMEUR, JE L'ENTRETIENS UN PEU.

Quand j'étais jeune, on faisait des conneries, et des grosses. Mais dès qu'on se faisait prendre, avec le prof en face, on se faisait tout petits. Il était rare qu'un jeune saute sur un prof. Il n'y a plus ce respect de l'institution, on a désacralisé l'école.

JE SUIS TOUJOURS UN PEU LE BOULET DE KOOL SHEN. SAUF UNE FOIS SUR SCÈNE !

Si j'en suis là aujourd'hui à écrire des textes, c'est grâce à l'école.

Il m'arrive de me sentir prisonnier de mon image de rappeur grande gueule qui joue à guichets fermés au tribunal. Dans mon domaine, je me considère comme le roi, un roi contesté, mais le roi. Sur un plateau de cinéma, je me laisse diriger, j'apprends mon texte, loin de mon image d'ingérable.

HIER SOIR, COMME J'ÉTAIS EN FORME, J'AI RÉÉCOUTÉ « IL EST MORT LE SOLEIL ».

Nicoletta, c'est mon pote.

La mauvaise humeur chez moi, c'est un muscle.

MON POINT DE VUE EST TRÈS ÉGOÏSTE : JE FAIS LES CHOSES QUI ME PLAISENT, EN AUCUN CAS POUR PLAIRE AUX AUTRES.

J'AI TOUJOURS PENSÉ QUE J'ÉTAIS UN IMBÉCILE BIEN ENTOURÉ.

Quand il est bien écrit, le cinéma est un sport de glisse, et moi j'aime glisser.

JE NE M'APPELLE PAS SEULEMENT NIQUE TA MÈRE. VA VOIR DERRIÈRE LE MUR, IL Y A UN POMMIER, JE TE JURE.

Dites ce que vous voulez, je m'en bats les reins !

I'M A PUNK-FUNK, NIGGA !

Tu as l'impression d'être devenu un notable du cinéma français ?
Un notable ?! Mais va changer ton slip, toi !

EMBRASSER UN MEC AU CINOCHE, JE M'EN FOUS.

Je suis une contradiction sur pattes et je n'ai aucun problème avec ça.

« N'étant pas représentés comme des moteurs de progrès ni de culture, les quartiers entretiennent un complexe, c'est le complexe du banlieusard. »

J'AIME MON ART, MON ART M'AIME, C'EST LA SYMBIOSE, J'LE PRATIQUE À L'HUMEUR COMME LE FONT LES VIRTUOSES.

Dis bonjour au
mauvais garçon
Il y a des flammes
dans mon iris
Brûle sous mes lyrics

C'EST MOI LA VOIX QUI FOUT PARIS DANS TOUS SES ÉTATS.

On est venus poser nos couilles sur la table, voir comment ça sonne et voir si ça fait de la musique à la fin.

Le hip-hop est pour moi
comme un poumon,
C'est le ciment
de mes convictions,
Le truc qui me permet
de faire front.

[« Respire » sur l'album *Suprême NTM*, 1998, Suprême NTM]

« Une femme-objet sans rien dans le cerveau, non merci ; une relation consensuelle, aménagée, pffff. Il faut que j'en chie un peu, qu'on me tienne tête. J'étais amoureux de ma mère quand même, une sacrée bonne femme. »

#abawé

JE NE LIS JAMAIS LES ARTICLES ME CONCERNANT. VOILÀ VINGT ANS QUE JE FAIS LA MÊME CHOSE, DONC VINGT ANS QU'ILS DISENT LA MÊME CHOSE.

Si moi, aujourd'hui, je ne fais pas ce que j'ai envie de faire, ça veut dire que je me suis complètement trompé sur toute la ligne.

Gare à la bombe sociale qui
à présent est prête,
Fais-toi entendre, élève la voix,
Donne-toi le luxe d'en avoir le choix.

[« Je vise juste » sur l'album *Suprême NTM*, 1998, Suprême NTM]

On a construit notre show comme un épisode de *Starsky et Hutch* : ça se finit toujours bien à la fin.

J'AI LA MALADIE DU BOULANGER : J'AI LA BRIOCHE QUI TOMBE SUR LA BRAGUETTE.

CARIBBEAN DANDEE NE CRAINT PERSONNE.

Maître Gims...
C'est quoi ? Ah oui, un produit vendu chez Carrefour.

Après, c'est de la musique : ça ne se raconte pas, ça se palpe.

POUR NOUS, FAIRE DE LA MUSIQUE, C'ÉTAIT SOIT SE PAYER LA HONTE, SOIT FAIRE UN CARTON.

Peut-être que je me ramollis mais, pour moi, dire « Nique la police » ne doit pas être une simple posture.

« Mon premier tatouage, c'est un effet de groupe en fait. C'était : « 93 NTM au-dessus des lois, je bâtirai mon toit ». C'est un truc que j'ai écrit quand je me prenais pour un philosophe de proximité. »

J'étais affûté pour la guerre au départ. Je te jure, j'avais six abdos.

Je serai un éternel prépubère toute ma vie, de fait je n'ai pas à me justifier de quoi que ce soit.

D'UNE FAILLE, À CHAQUE FOIS J'EN AI FAIT UN TROU.

Nous, il y a un décalage horaire, on vit dans le 93.

TU NOUS RACONTES TA VIE, ON S'EN BAT LES COUILLES, TU NOUS METS EN RETARD !

Au-delà d'être un rappeur, je me considère comme un Master of Ceremony. C'est-à-dire le même qui arrive et qui n'a pas forcément un truc à dire mais qui peut tenir pendant quatre heures un mic avec un mec qui mixe à côté.

JE SUIS DÉGOÛTÉ QUAND J'ENTENDS CERTAINS PARLER DE MOI COMME ILS LE FONT ET SURTOUT EN PENSANT ME CONNAÎTRE.

On a commencé, on s'appelait Nique Ta Mère, on était dans un microcosme qui s'appelle le hip-hop, on n'avait pas besoin de l'autre pour exister. Même si on avait voulu, on aurait été rattrapés par ce qu'on était.

Moi, je ne t'aime pas. J'aime pas ta coupe de cheveux, je te trouve très énervant de tout ton long. Le grain de voix, tout ça, tac, je t'aime pas, j'aime pas. Mais par contre, je te le dis tout de suite, je vais te mettre un oui direct.

Je n'avais pas la dimension de tout ça avant de faire la « Nouvelle Star ». Après, comme on le disait dès le début, on n'est pas là pour faire le show. On n'est pas des clowns, on a envie d'être là, la paye est bonne, il y a une ambiance très récréative entre nous. On est vraiment comme des musiciens, c'est-à-dire qu'on part en tournée mais on ne joue pas.

JE SUIS UN VIEUX PUNK, DÈS QU'ON ME DEMANDE QUELQUE CHOSE, CELA N'A AUCUN INTÉRÊT POUR MOI.

Pour moi, mon boulot commence quand je monte sur scène. Il y a un truc d'immédiat qui existe et je trouve cela vachement plus évident pour moi.

Gratin de morue aux patates douces, c'est un plat pour la Saint- Valentin, mais je le fais tous les jours.

QUAND ON N'A PAS EU LA TENDRESSE QUE SE DOIT D'AVOIR UN ENFANT, ON FAIT AVEC LES ARMES QU'ON A.

Comment va la santé ?
Comme le temps.
Un coup gris,
un coup bleu.

Je me fous d'habiter en banlieue ou à Paris, je crois que, pour quelqu'un comme moi, le plus important c'est que pour affronter le dehors il faut un chez-soi.

FAIS GAFFE, JE SUIS HÉTÉROSEXUEL. JE RISQUE DE TE FUMER EN UNE TAFFE.

TOUT CE QUE J'AI PU FAIRE LOIN DE MON PÈRE N'A JAMAIS ÉTÉ UN CALVAIRE.

T'imagines, tu as un groupe qui joue, et puis d'un seul coup on vide la scène et t'as deux pieds de micro avec un DJ qui est aussi vif qu'un portemanteau derrière. Eh beh là, t'apprends à courir au plafond, t'apprends à remplir la scène. On a fait nos armes comme ça.

JE LUI AI DIT D'ALLER SE FAIRE CUIRE LE CUL.

Je ne lis pas le journal tous les jours, mais quand je le fais je commence par les faits divers. Mais ça c'est un truc de banlieusard. On sait jamais, on en connaît peut-être un. Et puis, en général, je trouve que les faits divers sont vachement plus représentatifs de ce qui se passe en France que tout le reste.

FERME-LA QUAND JE PARLE.

TU COMPRENDS CE QUE TU DIS OU PAS ?

Plutôt que de prendre un bouquin comme quelqu'un de sensé, eh bien j'ai pris mon smartphone comme une tarlouze.

DIS-MOI, TU AS UN SALAIRE POUR FAIRE ÇA ?

« Effectivement, ça fait plus chic d'arriver en retard, mais quand on est le boss... »

Dans quelle situation es-tu délicat ?

Dans le noir

Est-ce que tu es fidèle ?
À quoi ?

POUR CHIER SUR QUELQUE CHOSE, IL FAUT DÉJÀ L'AVOIR ÉCOUTÉ. SINON ÇA N'A AUCUN INTÉRÊT.

SUR LA TÊTE DU CUL DE LOUISY JOSEPH, JE FAIS UN MÈTRE QUATRE-VINGTS !

On n'appelle pas ça un gros ventre, monsieur, on appelle ça un cimetière de poulets !

Avez-vous beaucoup d'amies femmes ?
J'évite.

Putain, c'est en me disant
« J'ai jamais demandé à t'avoir ! »,
C'est avec ces formules, trop saoulées,
enfin faut croire,
Que mon père a contribué à me lier avec la rue,
J'ai eu l'illusion de trouver mieux, j'ai vu
Ce qu'un gamin de quatorze ans,
avec le décalage de l'âge,
Peut entrevoir, c'était comme un mirage,
Plus d'interdit, juste avoir
les dents assez longues,
Pour croquer la vie, profiter de tout ce qui tombe.
La rue a su me prendre
car elle me faisait confiance,
Chose qui avec mon père était comme
de la nuisance,
Aucun d'entre nous n'a voulu
recoller les morceaux,
Toute tentative nous montrait

qu'on avait vraiment trop d'ego.
Mon père n'était pas chanteur, il aimait
les sales rengaines,
Surtout celles qui vous tapent comme un grand coup
de surin en pleine poitrine,
Croyant la jouer fine, il ne voulait pas,
ne cherchait même pas,
À ranger ce putain d'orgueil
qui tranchait les liens familiaux,
Chaque jour un peu plus,
J'avais pas l'impression d'être plus coté
qu'une caisse à l'argus,
Donc j'ai dû renoncer,
trouver mes propres complices,
Mes partenaires de glisse,
Désolé si je m'immisce.

[« Laisse pas traîner ton fils »
sur l'album *Suprême NTM*, 1998,
Suprême NTM]

MOI, JE NE PRATIQUE PAS LA FELLATION, DONC FORCÉMENT ÇA VA ALLER VITE.

Je pense qu'on s'adresse à des gens qui n'ont pas une chaussette entre les deux oreilles et qui sont capables d'analyser et d'en faire quelque chose.

Domenech nous a quand même emmenés quelque part. Il y avait des échéances, on y est allés. Mais quand même, je l'attacherais bien à un arbre et je lui fouetterais bien les couilles avec des ronces.

T'as des talonnettes pour me parler comme ça, toi ?

HEY CYRIL HANOUNA, SI TU RENDS L'ANTENNE À L'HEURE CE SOIR, ON TE FILE DIRECT UN TICKET POUR LE THÉÂTRE.

David Beckham au PSG ? Et pourquoi pas Lady Gaga tant qu'on y est ?

FAUT JUSTE QUE LES MECS NE PERDENT PAS DE VUE QUE CE SONT DES COMPÉTITEURS. ON VA PAS AUX CHAMPIGNONS SUR CETTE HISTOIRE.

Sport impérieux,
vecteur de langage
universel,
d'un patriotisme
à tort ringardisé,
mais pas honteux.
On ne triche pas !
But ! Ça veut dire
j'aime mon équipe,
ma ville, mon pays,
ma planète,
ça veut dire usine
à rêves, même
si demain est
un autre jour.

Mon truc, c'est de fuir l'ennui, pas d'être un voyou.

Maintenant, c'est au PSG nouveau style de mettre le Parc des Princes en transe. Comme NTM l'a fait l'an dernier. Là, il aura réussi.

JE SUIS UN JOYEUX DRILLE, DONC N'HÉSITEZ PAS.

Je suis ce qu'on appelle un acteur- né, N-E-Z.

EST-CE QUE TU CONNAIS UN POÈME PAR CŒUR ?

ÇA NE VOUS REGARDE PAS. ON NE SE CONNAÎT PAS ASSEZ.

Tu mets du lait dans ton café ?
Déjà, le truc, c'est que je bois très rarement du café. J'en mets peut-être un peu dans mon cognac, du lait. Ou je m'en mets un peu sous les aisselles, vers 16 heures, pour avoir une hygiène impeccable. Mais rien de plus. Question con, réponse con j'ai envie de te dire.

ON EST LÀ ET ON TIENT À CE QUE VOUS LE SACHIEZ.

On pensait que faire un refrain c'était baisser son pantalon.

AVOIR VIRÉ
JULIEN LEPERS,
C'EST COMME
AVOIR SCIÉ UN
PIED DE LA
TOUR EIFFEL.

IL FAUT QU'ON
LAISSE UNE
MARQUE
DE NOTRE
PASSAGE.

Je sais que mes pensées peuvent
avoir de l'influence,
J'espère même qu'elles en ont quand
elles sont régies par l'urgence,
C'est dur à gérer en toute objectivité,
Quand au départ l'équilibre
de la balance est déjà faussé,
De toute façon, j'ai pas le choix
et ça aurait pu être pire,

Aujourd'hui, ouais, c'est sûr, ouais,
c'est plus facile à dire,
Vu que tout ça s'est converti en choses
nettement plus positives,
Mais la rancune n'a pas cessé,
elle régénère son emprise,
Se fait même plus mature, à force,
je crois que c'est dans ma nature,
Et au train où vont les choses, il est sûr,
Que n'ayant pas pour but
de faire du romanesque,
Mes mots auront effet toujours
avec la même justesse.

[« Je vise juste » sur l'album
Suprême NTM, 1998, Suprême NTM]

IL N'Y A PAS À CHERCHER PLUS LOIN : NTM, C'EST UN GROUPE À PART.

Je trouve qu'elle est vachement longue pour une histoire courte.

Vous avez une vision du monde de demain ?
Je pense toujours qu'il nous appartient.

JE TE MERDE. AVEC AFFECTION, MAIS JE TE MERDE.

Il va falloir se lever nettement plus tôt pour la ruiner, ma réputation.

BIBLIOGRAPHIE

Mauvaise réputation, JoeyStarr avec Philippe Manœuvre, Flammarion, 2006.

FILMOGRAPHIE

Old School
de Karim Abbou, Kader Ayd (2000)

La Tour Montparnasse infernale
de Charles Nemes (2001)

Authentiques : Un an avec le Suprême
d'Alain Chabat, Stéphane Begoc (2000)

RRRrrrr !!!
d'Alain Chabat (2004)

Passe-passe
de Tonie Marshall (2008)

La Personne aux deux personnes
de Nicolas Charlet, Bruno Lavaine (2008)

Mafiosa – saison 2
de Hugues Pagan (2008)

Le Bal des actrices
de Maïwenn (2009)

L'Immortel

de Richard Berry (2010)

Mafiosa – saison 3
de Hugues Pagan (2010)

Polisse
de Maïwenn (2011)

Nuit blanche
de Frédéric Jardin (2011)

Noirs de France, de 1889 à nos jours : une Histoire de France
de Juan Gelas et Pascal Blanchard (2012)

L'amour dure trois ans
de Frédéric Beigbeder (2012)

Ted
de Seth MacFarlane, voix française (2012)

Les Seigneurs
d'Olivier Dahan (2012)

Do not disturb
d'Yvan Attal (2012)

Max
de Stéphanie Murat (2013)

La Marque des anges – Miserere
de Sylvain White (2013)

Une autre vie

d'Emmanuel Mouret (2013)

Colt 45
de Fabrice Du Welz (2014)

Les Gorilles
de Tristan Aurouet (2015)

Ted 2
de Seth MacFarlane, voix française (2015)

Dix pour cent – saison 1
de Fanny Herrero (2015)

DISCOGRAPHIE

« Je rap » sur *Rapattitude*,
compilation de rap français (1990)

NTM, albums studio
Authentik (1991)
1993... J'appuie sur la gâchette (1993)
Paris sous les bombes (1995)
Suprême NTM (1998)

NTM, albums live
NTM Live... du Monde de demain à Pose ton gun (2000)

On est encore là : Bercy 2008 (2009)

NTM, compilations
Le Clash (2001)
Best of (2007)

B.O.S.S.
B.O.S.S. Volume 1 (1999)
B.O.S.S. Volume 2 (2000)
B.O.S.S. Opus 3 (2004)

JoeyStarr
Gare au Jaguarr (2006)
Egomaniac (2011)

Caribbean Dandee
Caribbean Dandee (2015)

Liste des copyrights

Album Authentik

Le Monde de Demain
(Marvin Gaye / Didier Morville / Bruno Lopes / Marvin Gaye) © 1991 Jobete Music Co Inc
Avec l'aimable autorisation d'EMI Music Publishing France. Droits Protégés.

Album Paris sous les bombes

Qu'Est-ce Qu'On Attend ?
(Didier Morville / Bruno Lopes)
© 1995 EMI Music Publishing France
Avec l'aimable autorisation
d'EMI Music Publishing France.

Come Again
(Pour Que Ça Sonne Funk)
(Morville – Lopes / Villaume)
© 1995 EMI Music Publishing France

La Fièvre
(Morville – Lopes / Villaume)
© 1995 EMI Music Publishing France
Avec l'aimable autorisation d'EMI Music Publishing France. Droits Protégés.

Album Suprême NTM

Laisse Pas Trainer Ton Fils
(Morville – Lopes / Guion-Firmin)
© 1998 EMI Music Publishing France /
Because Editions / Delabel Editions.

Seine Saint Denis Style
(Didier Morville – Bruno Lopes / Tahirou Diop)
© 1998 EMI Music Publishing France /
Because Editions

Ma Benz
(Bruno Lopes - Didier Morville -Thierry Moutoussamy / Marc Gremillon)
© 1998 EMI Music Publishing France / Because Editions
Avec l'aimable autorisation d' EMI Music Publishing France et Because Editions. Droits Protégés

On Est Encore là
(Morville – Lopes / Gourdais)
© 1998 EMI Music Publishing France / Because Editions

Odeurs de Souffre
(Didier Morville / Bruno Lopes / Patrick Harvey / Christopher Martin / Keith Elam / Darryl Barnes / Greg Mays)
© 1998 EMI Music Publishing France / Because Editions / Reach Music / EMI April Music Inc / Gifted Pearl Music Inc / Nice & Smooth MC / Ill Kid Music
Avec l'aimable autorisation d'EMI Music Publishing France, Because Editions, Sony/ ATV Music Publishing (France), Kobalt Music Publishing Ltd et BMG Rights management (France). Droits Protégés

Je Vise Juste
(Morville – Lopes / Morville – Gremillon)
© 1998 EMI Music Publishing France / Because Editions
Avec l'aimable autorisation d'EMI Music Publishing France & Because Editions. Droits Protégés.

Respire
(Morville – Lopes / Gourdais)
© 1998 EMI Music Publishing France / Because Editions

Achevé d'imprimer chez Normandie Roto Impression s.a.s.
à Lonrai en octobre 2016
-
N° d'édition : 642880 - N° d'impression : 1604603
ISBN : 978-2-7491-5371-1
Dépôt légal : novembre 2016